DE

L'HISTOIRE

(CE QU'EST LA FRANCE !!!...)

DISCOURS PATRIOTIQUE

Prononcé à la Distribution des Prix du Collége de Soissons (Aisne)

LE 10 AOUT 1861

PAR

A.-L.-F. DURIEZ-LUSARDY

PROFESSEUR DE BELLES LETTRES

(Humanités et Histoire)

RÉGENT D'HISTOIRE AU COLLÉGE DE SOISSONS (AISNE)
ANCIEN SOUS-PRINCIPAL AU COLLÉGE DE BOULOGNE-SUR-MER
ANCIEN SECRÉTAIRE PARTICULIER DU COMTE DE TANLAY
PRÉFET DU PAS-DE-CALAIS, ETC.

VALENCIENNES

IMPRIMERIE G. GIARD ET A. SEULIN, RUE DE HESQUES, 1.

MAI 1878

DE

L'HISTOIRE

(CE QU'EST LA FRANCE !!!...)

DISCOURS PATRIOTIQUE

Prononcé à la Distribution des Prix du Collége de Soissons (Aisne)

LE 10 AOUT 1861

PAR

A.-L.-F. DURIEZ-LUSARDY

PROFESSEUR DE BELLES LETTRES

(Humanités et Histoire)

RÉGENT D'HISTOIRE AU COLLÉGE DE SOISSONS (AISNE)
ANCIEN SOUS-PRINCIPAL AU COLLÉGE DE BOULOGNE-SUR-MER
ANCIEN SECRÉTAIRE PARTICULIER DU COMTE DE TANLAY
PRÉFET DU PAS-DE-CALAIS, ETC.

VALENCIENNES

IMPRIMERIE G. GIARD ET A. SEULIN, RUE DE HESQUES, 1.

MAI 1878

Valenciennes. — Imprimerie G. GIARD et A. SEULIN, rue de Hesques, 1.

A LA MÉMOIRE VÉNÉRÉE

DE

ALFRED-LOUIS-FÉLIX DURIEZ-LUSARDY

HOMMAGE DE RESPECTUEUX SOUVENIR

DE SON FILS

F. DURIEZ.

Valenciennes, le 20 Mai 1878.

DE L'HISTOIRE

DISCOURS PATRIOTIQUE

Prononcé à la Distribution des Prix du Collège de Soissons (Aisne)

LE 10 AOUT 1861

par

A.-L.-F. DURIEZ-LUSARDY

Professeur de Belles Lettres

> A tous les cœurs bien nés, que la Patrie est chère!!!
>
> CORNEILLE.

MONSEIGNEUR, MESSIEURS,

Il y a plus de 2000 ans à pareil jour, le 10 août de l'année 444 avant notre ère, les Athéniens étant réunis dans leur gymnase pour les grandes Panathénées, un illustre étranger parut au milieu des jeux et se mit à lire l'histoire de la lutte des Grecs contre les Perses.

Au récit fidèle de la glorieuse conduite de ses pères à Marathon, aux Thermopyles, à Salamine, à ce récit

(NOTE). — Ce Discours a été prononcé par Monsieur ALFRED DURIEZ, devant Sa Grandeur Monseigneur Jean-Joseph Christophe, Evêque de Soissons et Laon, Chevalier de la Légion d'Honneur, ancien Curé de Ham et de la Chapelle Saint-Denys près Paris, le 10 Août 1861.

plein d'une majestueuse simplicité et tout empreint d'un cachet homérique, la foule qui couvrait les gradins du vaste amphithéâtre fut saisie d'un enthousiasme indescriptible.

Elle se leva d'un commun élan avec des bruyants et joyeux applaudissements que répétèrent au loin les cîmes du Pentélique et les rives du Céphise.

Puis des milliers de couronnes tombèrent aux pieds de l'orateur et l'aréopage décerna au grand écrivain une récompense de dix talents, précieux témoignage de la reconnaissance d Athènes.

Cet écrivain, Monseigneur et Messieurs, c'était Hérodote d'Halicarnasse, le Père de l'Histoire.

Ainsi fut accueillie cette science chez ce peuple, qui avec le sens délicat qui n'appartint qu'à lui, jugea bien vite d'un hôte aussi éminent, le couronna à Olympie, le couronna à Athènes, applaudit partout sur son passage et voulut que ses neuf livres portassent les noms des neuf Muses.

Depuis le jour où elle triompha dans la personne d'Hérodote, l'histoire n'a cessé d'être cultivée et honorée chez les peuples les plus dignes de ce nom, et pour n'en citer qu'un seul exemple, à Rome, cette ville qui bannit de son sein les Rhéteurs de la Grèce, comme des gens oisifs d'un savoir stérile et d'une éloquence dangereuse, il était prescrit aux pontifes de veiller eux-mêmes à l'entretien des Annales de la République, d'en faire à certains jours des lectures en présence du peuple assemblé et d'inscrire sur les murs des temples et des portiques les actions des ancêtres afin que continuellement placées sous les yeux d'une nouvelle génération, elles fussent pour tous un sujet d'émulation et un exemple.

L'histoire a toujours eu ses adeptes et ses disciples, et à son école se sont formés les génies les plus célèbres des temps anciens et des temps modernes.

Notre siècle surtout est un siècle historique et sans nommer tant d'illustres écrivains qui ont produit d'immortels chefs-d'œuvre, quel plus sublime exemple de l'attrait de ses études pourrions-nous donner que celui de notre auguste Souverain consacrant à cette science dans la vie de *Jules César* les rares loisirs que lui laisse la direction d'un gouvernement si fécond en immenses résultats !

Et ne devait-il pas en être ainsi ? Où les peuples auraient-ils pu trouver une instruction plus solide et plus véritable que dans l'histoire des Sociétés ?

Quel plus magnifique spectacle que celui de la marche imposante, continue et progressive de l'humanité à travers les âges, se développant suivant les voies que la divine Providence lui a tracées et pouvant être comparée à une trâme infinie que les générations se transmettent et tissent tour à tour.

Mais loin de moi l'ambitieuse et téméraire pensée de de résumer en quelques pages les faits dont se compose le domaine de l'histoire et qui exigerait le plus vaste génie.

En obéissant aux exigences de ma position qui me force d'oublier tout sentiment d'amour-propre et de porter la parole devant un auditoire aussi imposant, j'ai voulu du moins choisir un sujet où ma conviction put soutenir mon courage.

Si la voix éloquente de l'honorable administrateur qui a présidé l'an dernier cette solennité vous a retracé d'une manière bien intéressante l'illustration historique de Soissons, ainsi que celle de ce Collége avec toutes les notabilités qui en sont sorties, avec tous ces souvenirs antiques et glorieux qui honorent votre noble cité, je me propose aujourd'hui, Monseigneur et Messieurs, de vous parler de notre illustre Patrie et des principales époques de notre histoire nationale.

J'essaierai de vous dire le rôle immense qu'il lui a été donné de jouer dans le grand drame du Moyen-Age et des temps modernes, de vous le montrer présidant dès son origine au mouvement général de la civilisation et s'élançant à la tête des peuples dans les voies de l'avenir.

Puisse mon langage emprunter quelque châleur et quelque vie à la haute et puissante poésie des faits que je ne crains pas d'aborder.

Du moins, mon intention trouvera, je l'espère, une vive sympathie dans le cœur du vénérable Prélat qui a bien voulu nous faire l'honneur d'accepter la présidence de cette cérémonie universitaire.

Heureux si je puis mériter aussi l'intérêt des premiers magistrats de la Cité, des honorables Administrateurs de cet établisssment, des dignes ministres des autels, des nobles représentants de notre vaillante armée et de toutes les personnes éclairées et bienveillantes qui ont bien voulu honorer de leur présence cette fête de famille.

Il est des peuples en qui semble s'être personnifié le génie du progrès.

Initiateurs par excellence, ils lèvent entre tous, un front marqué du sceau divin.

Providence vivante des nations, ils ont mission de faire régner partout l'esprit nouveau et de détrôner partout le passé.

Entre leurs mains, tout sert la cause sacrée des lumières.

Par eux la guerre, la guerre même est presque toujours initiatrice.

Ils sanctifient la victoire en civilisant les vaincus ; ils importent sur le sol de la conquête leurs usages, leurs idées et leur langage.

Sans vous parler ici de l'importance toute particulière du peuple Juif, telles nous apparaissent dans l'antiquité la Grèce et Rome.

La Grèce, type primitif de la beauté et de l'action, attaquant l'Asie barbare et fataliste dans la guerre de Troie, la repoussant à Marathon, à Salamine, l'envahissant sous Alexandre et fondant une civilisation grecque sur les bords de l'Indus.

Rome, type de l'ensemble, de la durée et de la fixité, élargissant la Cité trop étroite de la Grèce, entraînant aux pieds de son Capitole le monde transformé en un vaste municipe, imposant à une foule de peuples longtemps divisés, une concorde et une paix étonnantes et les préparant à l'unité du Christianisme.

Au moment de la plus grande dissolution de l'empire, pendant que Rome se laissant façonner à toutes les servitudes ne connaît plus que la divinité de ses tyrans, le Christ meurt sur la croix et sa divine doctrine rendant à l'homme sa dignité, à la vertu son espérance, jette dans le monde sa morale sublime et ressuscite la société mourante.

En dehors d'une société qui n'avait pour eux que des supplices, les Chrétiens protestaient en disant que Rome n'était point la Cité de l'Univers.

Les Barbares débordaient la frontière, menaçant d'engloutir cette vaste domination que l'extinction successive des races asservies avait dépeuplée et frappée de mort.

L'empire n'était plus qu'un vaste désert.

Rome avait fait son temps.

Le Christianisme remplace cette unité matérielle par une unité plus complète, plus puissante.

Rome descend des hauteurs de l'histoire, léguant l'Occident aux barbares et la ville éternelle à la Papauté naissante.

Mais quel sera l'élu de la Providence pour être plus particulièrement le missionnaire de la foi nouvelle ?

A qui la succession du Peuple-Roi ?

A qui l'héritage des destinées du Monde ?

A qui le patronage de la civilisation supérieure ?

A qui enfin le glorieux privilége de fonder la Cité modèle du genre humain ; celle où toutes servitudes seront anéanties, tous les droits reconnus et représentés ?

Qui fera graviter l'Europe vers ce but magnifique ?

Par delà les monts de l'Italie septentrionale, sur un sol flanqué de deux mers, nous rencontrons de toute antiquité la race *Gauloise*, race inquiète, aventureuse, portant sans cesse hors de ses limites ses armes victorieuses et son courage indompté, remplissant l'univers de sa gloire naissante, franchissant les Alpes avant Annibal, escaladant le rocher de Delphes, occupant Byzance et lançant au-delà du Taurus ses colonies armées.

Elle avait stationné sur les ruines de Troie ; elle campa un jour sur les décombres de Rome et l'épée de de Brennus y servit de contrepoids à l'empire du monde.

Dès lors, chacune de ses attaques arracha un cri d'effroi à la plus guerrière des cités. La langue romaine avait un mot consacré pour rendre la terreur de l'invasion Gauloise et si après une longue et sanglante lutte, ce peuple magnanime dut céder au génie de César et à la fortune de Rome, il reçut en échange de sa liberté, les lumières du Midi et forma la plus florissante et la plus éclairée des provinces.

Lorsque l'empire romain s'abdiquant lui-même, transféra sa honteuse agonie sur les rives du Bosphore, la Gaule envahie par les Francs, fanatiques enfants d'Odin, avides de guerre et de pillage, ne subit leur farouche et indomptable domination que pour s'incorporer ses vainqueurs par leur rapide conversion, pour se retremper elle-même dans la nature vierge des barbares et emprunter une nouvelle puissance de vie à la sève jeune et vigoureuse de la Germanie,

Le jour qui éclaira cette fusion des Gallo-Romains et des Francs, convertis au Christianisme, vit éclore un grand fait.

L'Europe comptait désormais avec les races barbares.

Sur un sol, qui touche à l'Europe par tous ses points, un peuple providentiel surgit, investi d'un apostolat plus auguste que celui de la Grèce et de Rome.

Un peuple unité-multiple, qui doit fonder et identifier les éléments les plus divers de la civilisation naissante, un peuple à la fois original et imitateur, qui s'appropriera tout pour tout perfectionner, qui réfléchira toutes les lumières pour les faire rayonner plus lumineuses, qui popularisera les merveilles des arts, les découvertes des sciences, les progrès de l'industrie par sa langue nette, précise, cosmopolite, un peuple civilisateur par instinct social, conquérant par prosélytisme.

Plus tard il ira d'une extrémité du monde à l'autre, stipulant sur vingt champs de bataille l'affranchissement de l'humanité, semant ses idées sur un sol labouré par ses victoires (rachetant du plur pur de son sang les nations que doit éclairer son génie). Substituant à l'unité incomplète et à la liberté exclusive de la Grèce et de Rome les divins principes de l'Evangile, l'abolition de l'esclavage et le développement de l'humanité.

Est-il nécessaire de nommer la France ?

Suivons-là donc cette Nation élue dans l'exercice de sa mission émancipatrice, voyons-là intervenir toute-puissante partout où il se remue quelque chose de grand, attachant son nom à toutes les phases de l'humanité.

Quand au huitième siècle, les Sarrasins menaçant l'Europe chrétienne de leur joug, franchirent les Pyrénées et s'épandirent jusqu'aux rives de la Loire.

C'EST LA FRANCE, qui par l'épée de Charles Martel, répondant au premier défi du Croissant, écrasa les hordes Musulmanes et préludant glorieusement à ses hautes destinées, sauva une première fois les nations de l'Europe Occidentale.

C'est la France, qui par le génie de Charlemagne, arrête les invasions du Nord et du Midi, refoule l'islamisme derrière les Pyrénées, et volant de l'Èbre au Weser, pénètre au foyer des peuples Germaniques, sillonne l'Allemagne en tous sens, y fonde avec la religion chrétienne des états bientôt consolidés et oppose une digue vivante à cette inondation d'hommes, que l'Europe subissait depuis quatre siècles.

C'est peu d'immobiliser les flots de la barbarie, il faut que Charlemagne constitue en gouvernement les deux forces publiques seules subsistant alors, l'Eglise et la Noblesse militaire.

La féodalité était la seule forme possible à cette époque indécise et flottante.

Dans son instinct de régénération Européenne, Charlemagne tend à réaliser cette nécessité des faits.

A l'Europe si longtemps bouleversée par une invasion incessante, il superpose la milice féodale protectrice naturelle du sol, le clergé, dernier dépositaire des lumières antiques.

Il élève cet immense édifice dont l'Empereur et le Pape sont le couronnement.

Merveilleux système où s'asseient en face l'un de l'autre les deux pouvoirs qui doivent remplir de leur lutte féconde la lice du moyen-âge.

C'est la France, qui par Guillaume-le-Conquérant, introduit l'ordre féodal dans l'Angleterre, méthodiquement subjuguée, importe l'unité dans cette Grande Bretagne si longtemps fractionnée par l'Anarchie des

Sept Royaumes, et crée un peuple là ou s'agitaient des tribus éparses.

C'EST LA FRANCE, qui par la famille des Ducs de Bourgogne donne des rois au Portugal, qui par les fils de Tancrède arrache la Sicile aux Sarrassins et ombrage cette province de la bannière protectrice de la féodalité.

C'EST LA FRANCE, qui par la voix d'un ermite, proclame les Croisades, premier fait auquel l'Europe entière ait concouru sous la forme d'une immense nation émue d'un même sentiment.

Des guerriers français donnent le signal et la chrétienté s'élançant au-delà du Bosphore, triomphe des enfants du Prophète, aux lieux même d'où ils étaient partis.

Les Croisades sont un de ces évènements qui déterminent la rénovation sociale des peuples ; elles ont ouvert un vaste champ à toutes les activités, une sphère nouvelle à la pensée, aux arts et aux sciences, elles ont commencé la déchéance de la féodalité par l'extinction des petits fiefs ; elles ont enfanté les grandes Communes de Flandre et d'Italie par la création du Commerce Maritime.

Iliade de la Chevalerie, noble épopée, où domine la figure si grande, si poétique de la France, donnant des rois à Jérusalem, et des Empereurs à Constantinople.

C'EST LA FRANCE, qui la première, brisant les liens du servage, enfante une bourgeoisie industrieuse, ardente à conquérir ses franchises sur les maîtres du sol, organise une armée plébéienne, dont les merveilles éclipseront les prouesses de la noble Chevalerie, remplace par ses parlements (augustes conseils de judicature) la tyrannie arbitraire des barons, bat en brèche l'aristocratie terrienne par l'alliance des masses avec la royauté et absorbe l'anarchie turbulente des fiefs dans une vaste et puissante monarchie.

C'est encore la France, qui la première au milieu de l'Europe, où se heurtent confusément tant d'intérêts opposés, fait prévaloir sur la diversité, sur l'hostilité des classes sociales une nationalité grande et homogène.

Le Patriotisme Français éclate dès le treizième siècle dans cette mémorable journée de Bouvines, où la France triompha de la ligne formidable de l'Empereur d'Allemagne, du roi d'Angleterre et des puissants barons du Nord.

Les gens des Communes, dit la Chronique, outrepassèrent toutes les batailles des Chevaliers et quand Othon vit de tels gens, si n'en fut pas moult joyeux. — (Parmi ces gens des Communes figurèrent glorieusement les milices de Soissons).

Dès lors le dévouement et l'enthousiasme n'étaient pas le privilège exclusif de la noblesse, et la France était unanime dans l'horreur de l'invasion étrangère.

Quand accablée du sanglant désastre d'Azincourt, vainement défendue par les Dunois et les Lahire, la France semblait réduite à subir l'opprobre du joug Anglais, d'où lui vint le secours qui rejeta l'insulaire au-delà du détroit et releva le trône abattu de Charles VII ?

N'est-ce pas d'un élan sublime de patriotisme, uni à un profond sentiment religieux dans la population des villes et des villages.

Jeanne d'Arc, cette humble bergère que la Providence avait choisie pour sauver la France, cette noble héroïne, victime de son dévouement à la patrie, n'est-elle pas la sublime et glorieuse image des croyances et des sentiments populaires ? Ce sont les paysans de Lorraine volant au secours des bourgeois d'Orléans.

C'est le pays réuni autour du prince légitime pour la défense de l'honneur national et de l'indépendance commune ; c'est le peuple—héros qui se lève et proclame l'inviolabilité du sol et de l'éternité du nom français.

Cependant les leçons de la France ont fructifié ; l'Europe s'avance sur ses traces dans les voies de la civilisalion. Partout l'esprit de localité fait place aux intérêts généraux, partout la patrie s'organise et l'esprit de caste s'efface en présence de la grande dualité des gouvernements et des peuples

Alors le seizième siècle paraît gros de l'avenir de l'humanité, brillant de découvertes, inondant de lumières le monde européen.

Le quinzième siècle expirant lui transmet avec l'imprimerie les trésors de l'érudition antique, noble prix de l'hospitalité donnée par les Médicis aux Grecs expatriés.

Les Turcs venaient de conquérir la capitale du Bas-Empire.

La muse de l'Hellade avait fui devant les farouches descendants d'Omar et le fanatisme du croissant profitait à l'Occident. La poudre à canon avait changé le système de guerre, les armes étaient égales entre le noble et le vilain — les rangs étaient nivelés sur le champ de bataille.

La boussolle frayait au génie l'immensité des mers et déjà Christophe Colomb dotait l'univers d'un nouveau monde.

C'est la France, qui dès le seizième siècle dans une lutte opiniâtre et généreuse défend et consolide l'équilibre européen ; c'est elle qui par ses illustres écrivains propage au loin les pressentiments de l'avenir.

Descartes est contemporain de Richelieu, l'apparition de sa méthode coïncide avec la guerre de *trente ans*, sublime tragédie où se rencontrent le génie de Richelieu et celui de Gustave Adolphe aux prises avec Wallenstein, où l'Allemagne du Nord fougueuse de jeunesse, avide de liberté se précipite à la voix de la France sur le colosse inerte de l'Autriche, centre de la féodalité et ennemie de tout progrès.

Fidèle aux traditions de Richelieu, Louis XIV humilie et dépouille encore cette puissance, lui suscite de puissants adversaires dans les électeurs de l'Allemagne Septentrionale et surtout dans la maison rivale de Brandebourg.

Des conquêtes nationales, de glorieux traités reculent nos frontières et enclavent dans le territoire des populations dévolues dès longtemps à la France par l'identité d'intérêts, de mœurs et de langage.

Fécond en innovations progressives, codifiant une législation régulière et uniforme, entouré de l'éclat des lettres et des arts, le gouvernement français exerce alors sur l'Europe une juste et salutaire influeuce, il lui impose une profonde admiration, le fascine par sa gloire et le subjugue par sa grandeur.

L'aristocratie féodale n'était plus

Richelieu l'avait décapitée sur l'échafaud des Montmorency et des Cinq-Mars.

Louis XIV avait abaissé sous le fier niveau de son sceptre toutes ces petites royautés de province.

La monarchie absolue était parvenue à son apogée de puissance.

Dès les dernières années du règne du Grand Roi commence la décadence de plus en plus rapide pendant la période déplorable de Louis XV.

La vieille Société se décompose ; la hardiesse illimitée des théories prélude à la révolution politique.

L'opinion publique impose à Louis XVI le ministère des Économistes et l'émanicipation de l'Amérique.

Le tiers état se proclame la nation.

La France Nouvelle arbore son Drapeau.

Bientôt une épouvantable tourmente emporte le passé avec sa législation et ses abus, ainsi que l'infortuné Prince, qui dans la bonté de son cœur cherchait par de successives réformes à les faire disparaître.

Donnons des larmes à tant d'infortunés qui scellèrent de leur sang cette transition mémorable, mais ne méconnaissons pas l'un des plus grands résultats qu'ait obtenus l'humanité.

Heureuse la Révolution Française, si elle eut échappé à la loi de tous les grands bouleversements, heureuse si elle eût cimenté l'alliance des grands principes de 1789 avec la doctrine divine de l'évangile !

Heureuse si elle eût renouvelé le monde, sans l'épouvanter par des impiétés aussi ridicules qu'absurdes, par des attentats inouïs, par d'atroces férocités.

Conjurant du moins par un invincible héroïsme la coalition des puissances européennes, elle se montre sublime d'énergie ; assez puissante pour ne pas désespérer de la Patrie et pour commander à la victoire.

Puis menacée de périr dans les conjurations de la démagogie impatiente d'attaquer la féodalité dans ses retranchements et d'associer l'Europe aux conquêtes politiques du 18e siècle, la révolution se résoût dans un grand homme et s'incarne dans Napoléon.

Napoléon, génie immense à la main de fer, à la volonté d'airain, nature complexe et pleine de puissants contrastes.

Napoléon, fils de la Souveraineté populaire et vainqueur de l'Anarchie, grand comme la France qu'il personnifie, gigantesque comme cet Orient qui le contemplera du haut des Pyramides.

Missionnaire armé de la civilisation, il va brisant l'Europe vieillie du Moyen-Age. propageant les idées nouvelles du Nil à la Bérésina, du Saint-Bernard au Mont-Thabor, du Tage au Danube, apprenant à notre jeune étendard le chemin de toutes les capitales, relevant son génie non moins par l'administration que par la guerre, relevant l'Ordre Social, réconciliant la France avec l'Eglise par le Concordat et laissant des œuvres impérissables, le Code, l'Université, la Légion-d'Honneur.

Durant cette mémorable période signalée par des victoires immortelles, Marengo, Austerlitz, Iéna, Friedland, Wagram. Quel spectacle imposant présente la puissance de la France ?

Quelle gloire ? Quelle grandeur ? Puis, quand l'Empereur, séduit par le prestige des races antiques se fut uni à la fille des Césars commencent les premiers revers. Son héroïque Armée est vaincue, non par le fer de l'ennemi, mais par la rigueur du climat. Se relevant sous l'aiguillon du malheur, il lutte avec un admirable héroïsme contre l'Europe entière, dont les armées envahissent le sol de la Patrie.

Après tant de célèbres combats, où il déploya des facultés prodigieuses, trahi par la fortune qu'il fatiguait à le suivre, le grand homme tombe du faîte de la puissance, laissant la France ensevelie pour quelque temps dans le grand désastre de 1815.

Humiliée, mais non abattue par le malheur, grande encore dans les revers, mais forcée d'abdiquer ostensiblement sa tâche de civilisation, la France se repose un moment de sa propagande Napoléonienne, elle répare ses forces, concentre toute son activité dans l'amélioration de ses institutions et prend une large part aux découvertes et aux progrès des lettres, des arts et des sciences.

Ensuite, elle reprend sa mission émancipatrice, en affranchissant la Grèce du joug Ottoman, en donnant l'indépendance à la Belgique et en ouvrant par les armes au Christianisme et à la civilisation l'Afrique Septentrionale dont la conquête a été complétée récemment par la glorieuse expédition de la Kabylie.

Après deux gouvernements monarchiques, où notre patrie eût à enregistrer quelques beaux succès, mais sans exercer au dehors une assez grande influence, lorsque la France est de nouveau livrée aux agitations ultrà-démocratiques, elle confie ses destinées par trois votes successifs à l'héritier du grand homme des temps modernes, au nom magique, emblème d'ordre et de gloire, au Prince providentiel qui justifiant cette confiance nationale, rétablit l'ordre, la prospérité et par deux campagnes immortelles où sa modération égale son génie, rend à notre patrie, la puissance, la grandeur en la replaçant au rang qu'elle doit occuper en Europe.

Salut au vainqueur de Magenta et de Solférino ! hommage de reconnaissance à notre auguste Empereur qui sauvegarde les intérêts du Monde Catholique, en veillant à la sécurité du Souverain Pontife et en arrachant les Chrétiens d'Orient à des massacres d'un autre âge, qui en faisant flotter le drapeau français sur la cathédrale de Shang-Haï, élevée par notre vaillante armée et en replaçant la croix sur celle de Pékin, ouvre au commerce et à la civilisation chrétienne les contrées lointaines de l'extrême Orient.

Hommage de respectueux dévouement à notre bien-aimé Souverain, qui tout en ajoutant de si belles pages à nos nobles annales, provoque l'amélioration matérielle et morale des classes inférieures, favorise le commerce, aime et protège les sciences, les lettres et les arts.

Aujourd'hui une ère de glorieuse prééminence s'ouvre pour la France ; elle a repris son rang à la tête des nations.

En vertu de l'influence qui lui est acquise par ses lumières, grâce au génie qui préside à ses destinées, elle tend à établir entre tous les peuples des liens de paix et d'union (confraternité et paix universelle) que devra encore resserrer l'extension des voies rapides et à les grouper tous par des traités de commerce, auxiliaires précieux de cette propagande pacifique dans une communauté intime de pensées et d'intérêts.

Conseils aux Élèves

Jeunes gens, c'est à vous que la Patrie léguera ce magnifique héritage de gloire et de grandes pensées, que vous allez recueillir à votre entrée dans le monde et dont vous devrez à votre tour soutenir le poids.

Ce sera à vous de vous montrer à la hauteur des grandes destinées de la France, que vous devrez servir par votre intelligence, votre travail et votre dévouement.

Ce sera à vous de travailler à l'illustration de cette nation si sympathique, si intelligente et si généreuse, qui sut vaincre l'Europe et lui imposer sa civilisation restée partout comme une trace lumineuse sur les pas de nos soldats.

C'est vous qui jouirez de tout, vous les derniers venus ; tous les siècles auront travaillé pour vous, mais vous qui recueillerez le fruit de tout ce labeur, bénissez vos pères, en méritant d'être bénis à votre tour. Croyez fermement à la Religion, base de l'ordre social, à la science et aux progrès de l'humanité.

Le gouvernement libéral sous l'empire duquel vous avez le bonheur de vivre, vous ouvre l'accès de toutes les carrières, mais elles sont, ne l'oubliez pas, la récompense de l'intelligence et du travail.

Rappelez-vous toujours comme l'a dit un haut personnage, que l'étude est souvent le seul bonheur de la vie, qu'une volonté ferme, l'amour du travail et une instruction solide sont les plus précieux trésors de ce monde ; qu'ils sont la base réelle de la seule indépen dance ici-bas ; celle de l'intelligence et du savoir.

N'oubliez pas, jeunes élèves, que les triomphes de vos

prédécesseurs sont pour vous un engagement de soutenir la réputation de cet établissement et que si notre Collége peut s'enorgueillir à juste titre de ses nombreux succès dans les Sciences et dans les Lettres, il les doit aux fortes études et à une bonne discipline.

Ne vous présentez au combat que bien armés et gardez-vous de vous laisser entraîner par un désir prématuré de finir vos études, désir qui pourrait tromper votre espoir et compromettre vos victoires.

Rappelez-vous aussi jeunes gens et je m'adresse plus particulièrement à ceux d'entre vous qui ont achevé leurs études littéraires, rappelez-vous que vous n'avez fait qu'effleurer cette belle Science de l'Histoire.

Maintenant, ce sera à vous de poursuivre ce que vous avez commencé au Collége. Si vous voulez obtenir de vos études une expérience profitable, vous devrez vous élever jusqu'à la partie philosophique de l'histoire.

Elle vous apprendra à connaître l'équilibre des Etats, les ressorts et le jeu de la machine sociale, la politique et la nature des gouvernements, les causes de la grandeur et de la décadence des peuples, ainsi que les conquêtes de l'esprit humain. En un mot, politique, économie sociale, connaissance du cœur de l'homme, connaissance de Dieu dans sa manifestation au milieu des Sociétés, devoirs de l'homme et du citoyen.

Les plus nobles connaissances découlent des études historiques sagement dirigées, philosophiquement approfondies.

Mais que serait-ce de vous rendre savants, si tout cet enseignement complexe n'était administré dans un but moral, qui en fait la dignité et la grandeur ?

Serions-nous à la hauteur de la noble mission que l'Etat nous impose, si nous ne cherchions pas à former votre cœur, en même temps que nous élevons votre esprit et si nous ne vous inspirions pas avec le respect de Dieu ces idées religieuses, qui ennoblissent l'intelligence et ne font qu'ajouter à la dignité de l'homme ? Qu'elle serait stérile et ingrate cette instruction qui ne vous parlerait point de vos devoirs de chrétiens, de fils ou de citoyens, qui ne réchaufferait point en vous le culte de la Patrie, le dévouement au Souverain, ainsi que l'amour de la famille et ne dirigerait point vos âmes vers la pratique des vertus, dont nous remettons sans cesse le tableau sous vos yeux !

Jouissez, jeunes amis, de ce bonheur de la famille le plus pur et le plus suave ; jouissez-en largement, vous à qui il est donné de pouvoir en jouir.

Aimez vos chers parents ; donnez-leur toute joie, toute satisfaction et vous n'aurez encore rien donné en comparaison de tout ce qu'ils ont fait pour vous.

Un père et une mère, ce sont des sources intarissables de tendresse et de dévouement ; ce sont des trésors inépuisables dont trop souvent hélas ! nous sentons tout le prix quand nous n'en avons plus que le souvenir.

Et vous, jeunes gens, vous que l'impérieuse nécessité ou le besoin d'études plus relevées forcera bientôt à quitter notre paisible retraite, sachez en sortant de nos mains montrer que vous êtes en état de joindre l'action aux préceptes.

Faites-vous toujours remarquer par cette distinction de manières, de langage et par cette urbanité exquise qui révèlent une bonne éducation. Ne vous glacez pas au contact d'un scepticisme qui serait mortel à vos jeunes intelligences, résistez aux séductions, à la corruption, et aux convoitises du monde; fuyez le culte des intérêts matériels qui dessèche et avilit les âmes.

N'oubliez pas les excellents conseils que vous donnait il y a quelques années avec autant d'éloquence que de haute raison l'honorable Président de la Commission administrative de ce collége, en vous montrant d'un côté les illusions trompeuses et les déceptions amères de la capitale et de l'autre le bonheur vrai et solide d'une vie modeste utilement écoulée dans son pays natal et au sein de sa famille.

Rappelez-vous que la considération n'est point subordonnée à la fortune qui n'est qu'un accessoire pour embellir l'existence et un doux privilège pour faire des heureux.

Mais que l'intelligence, la vertu, les services rendus à la société, l'étoile de l'honneur, une noblesse glorieusement acquise constituent la valeur morale et établissent la véritable distinction entre les hommes.

Jeunes gens, au moment où vous allez vous séparer de nous, je crois assez connaître vos cœurs pour me faire dans cette circonstance solennelle l'interprète de vos sentiments de respect et d'amour pour le vénérable Prélat si bon, si bienveillant pour la jeunesse, qui par sa noble simplicité, par ses sentiments profondément religieux et patriotiques s'est acquis toutes les sympathies et qui par sa charité évangélique, par ses vertus fait aimer Dieu et la religion.

Je crois assez vous connaitre pour me faire l'organe de votre reconnaissance envers ces respectables Magistrats et ces honorables Administrateurs, dont vous appréciez le concours bienveillant et éclairé, envers ces hommes de bien qui siègent au Conseil Municipal, dont la sollicitude empressée vous prodigue tous les trésors dont peut s'enrichir votre intelligence envers le digne chef de cet établissement qui veille avec un intérêt paternel sur le précieux dépôt confié à ses soins, envers tous mes dignes collaborateurs qui apportent tant de zèle, tant de dévouement à leur noble mission.

Voici, jeunes élèves, l'heureux instant que j'ai trop retardé au gré de votre impatience, où vous allez recevoir ces belles couronnes qui vous donneront une joie si pure et feront couler des larmes si douces sur les joues de vos tendres mères.

Puissent ces couronnes n'être que les avant-coureurs d'autres récompenses plus éclatantes, que la France, par la main de l'auguste Souverain, décerne à ceux qui ont bien mérité de la Patrie.

A.-L.-F. DURIEZ,

Professeur d'Histoire au Collége de Soissons.

Soissons, le 10 Août 1861.

Imp. Giard et Seulin, Valenciennes

www.ingramcontent.com/pod-product-compliance
Ingram Content Group UK Ltd.
Pitfield, Milton Keynes, MK11 3LW, UK
UKHW012307240726
13966UKWH00004B/1701

9 782011 942357